RE+ 融媒体版

入眼 · 入脑 · 入手 · 易教 · 乐学

学 前 教 育 专 业 能 力 基 础 系 列 教 材

依据 《 幼 儿 园 教 师 专 业 标 准 （ 试 行 ） 》

《 中 小 学 和 幼 儿 园 教 师 资 格 考 试 标 准 （ 试 行 ） 》 编写

学前教育见习实习指导手册

主 编／吴东红

副主编／崔晓文 朱敏英

XUEQIAN JIAOYU JIANXI

SHIXI ZHIDAO SHOUCE

JSM 京师学前

zjfs.bnup.com | www.bnupg.com

北京师范大学出版集团
BEIJING NORMAL UNIVERSITY PUBLISHING GROUP
北京师范大学出版社

图书在版编目（CIP）数据

学前教育见习实习指导手册／吴东红主编 . — 北京：北京师范大学出版社，2019.8（2021.8重印）

ISBN 978-7-303-24895-7

Ⅰ . ①学… Ⅱ . ①吴… Ⅲ . ①学前教育－教育实习－幼儿师范学校－教材 Ⅳ . ① G612

中国版本图书馆 CIP 数据核字（2019）第 168821 号

营 销 中 心 电 话	010－57654738　57654736
北师大出版社职业教育分社网	http://zjfs.bnup.com
电 子 信 箱	zhijiao@bnupg.com

出版发行：北京师范大学出版社 www.bnup.com
　　　　　北京市西城区新街口外大街 12−3 号
　　　　　邮政编码：100088
印　　　刷：北京盛通印刷股份有限公司
经　　　销：全国新华书店
开　　　本：787mm×1092mm　1/16
印　　　张：9
字　　　数：134 千字
版　　　次：2019 年 8 月第 1 版
印　　　次：2021 年 8 月第 2 次印刷
定　　　价：29.80 元

策划编辑：于晓晴	责任编辑：康　悦
美术编辑：焦　丽	装帧设计：焦　丽
责任校对：赵媛媛	责任印制：陈　涛

走进幼儿园

亲爱的同学，祝贺你成为一名学前教育专业的学生。也许你会有点儿好奇，幼儿园是什么样子的呢？简单来说，在家长眼里，幼儿园是孩子接受学前教育的地方；在孩子眼里，它是游乐场，是学习乐园。那么，于你们而言，需要了解幼儿园的哪些方面呢？

首先，你们要熟悉幼儿园环境。幼儿园环境有广义和狭义之分。广义的幼儿园环境是指幼儿园教育赖以进行的一切条件的总和。它既包括幼儿园内部小环境，又包括园外的家庭、社会、自然、文化等大环境。狭义的幼儿园环境是指幼儿园中对幼儿身心发展产生影响的物质与精神要素的总和。只有把幼儿园小环境与社会大环境结合起来，才能真正反映社会的特点和要求。刚进入幼儿园见习实习，你们要认识自己的工作场所和幼儿的活动天地，还需到幼儿园周边走一走，知晓有哪些可利用的自然资源与人文资源。

其次，你们要了解幼儿园的文化传承。每所幼儿园的发展都承载了一定的历史，所以你们要去了解幼儿园的发展历程、课程与特色。

同学们在见习实习中要注意些什么呢？

第一，耐心地聆听幼儿园园长介绍幼儿园，了解自己所在的幼儿园有哪些规章制度，以及在见习实习中应该如何遵守。

第二，主动与指导教师做好沟通，虚心接受她们的指导，耐心地聆听指导教师介绍班级情况，包括幼儿的年龄段、班级的特色、环境布置等，了解将要接触的幼儿具有什么样的心理特点，甚至还要了解每天接送幼儿的家长。

第三，要诚恳谦虚、踏实勤奋地学习，尊重带班教师和保育员。刚开始见习实习，你们一定有许多不清楚的地方，经验和能力也难免不足，一定要虚心请教，及时记录，及时反思。

宁静致远，快乐扬帆。预祝每位同学都能在学前教育见习实习中有所收获，有所成长！

编　者

目 录

第一章　幼儿园保育工作见习实习 / 1

第一节　幼儿园保育工作见习 / 1

第二节　幼儿园保育工作实习 / 11

第二章　幼儿园教育活动见习 / 20

第一节　幼儿园健康领域教育见习 / 20

第二节　幼儿园语言领域教育见习 / 35

第三节　幼儿园社会领域教育见习 / 49

第四节　幼儿园科学领域教育见习 / 63

第五节　幼儿园艺术领域教育见习 / 78

第三章　幼儿游戏活动见习 / 93

第一节　幼儿手指游戏的见习指导 / 93

第二节　创造性游戏的见习指导 / 96

第三节　规则游戏的见习指导 / 102

第四节　区域游戏的见习指导 / 107

第四章　综合实习 / 112

第一节　一日活动的观察与实习 / 112

第二节　各领域教育活动实习 / 123

第三节　游戏活动实习 / 129

参考文献 / 135

后　记 / 136

第一章 幼儿园保育工作见习实习

章前导言

开学了，同学们刚刚来到新学校进入学前教育专业学习，对未来的工作感到既新奇又懵懂：幼儿的身心发展具有哪些特点？幼儿园的任务是什么？我们以后到幼儿园应该做些什么？

《幼儿园工作规程》规定幼儿园的任务是：贯彻国家的教育方针，按照保育与教育相结合的原则，遵循幼儿身心发展特点和规律，实施德、智、体、美等方面全面发展的教育，促进幼儿身心和谐发展。从中可看出，保教结合是幼儿园工作的一大基本原则，做好"保育""教育"是幼儿园最主要的工作。同时我们知道，要想促进幼儿的健康成长，保育工作是最基本的工作，是保教人员必须首先重视的工作。

现在，让我们带着好奇心和憧憬走进幼儿园看看吧！

第一节 幼儿园保育工作见习

我们即将进行人生中的第一次见习，那么什么是见习呢？我们在见习过程中应注意什么呢？

见习是职业教育中一个极为重要的实践性教学环节。简单地说，见习是指学生去幼儿园观摩、学习幼儿园教师和保育员的保教工作，并观察幼儿的身心发展特点。见习的过程也是同学们学习和了解幼儿园工作要求的过程。见习的过程自始至终需要同学们集中注意力。同学们在指定的班级观察时要注意自己的行为和位置，不得妨碍幼儿的活动和保教人员的工作；认真记录保教人员组织活动的过程和幼儿的活动情况，及时做一些必要的评议。

第一次见习

第一次见习一般安排在高一第一学期初期。为全面了解幼儿园的保育工作，我们需要进行幼儿园半日活动的观察。

见习目的：

（1）接触幼儿，了解幼儿，激发热爱幼教事业的情感；

（2）感受和了解幼儿园环境创设的特色；

（3）初步了解幼儿园保育工作的特点，加强对幼儿园保育工作意义的认识。

见习要求：

（1）仔细观察，详细记录；

（2）见习结束了，同学们一定会有很多感触，那么就来写一份以"走进幼儿园"为题的见习报告吧！

第一次见习记录表

时 间	环 节	教 师	保育员	幼 儿	评 议

![温馨提示图标] **温馨提示**

见习报告如何写

见习结束后，根据见习的目的、要求，我们应及时写出见习报告以提高自己分析问题和解决问题的能力。那么，见习报告怎么写呢？

首先，我们需要写明的是见习时间、见习地点和见习班级。接着，我们需要写明见习目的，也就是为什么要参加见习，然后写见习内容和过程。见习内容是整个报告的核心部分。我们要根据见习目的确定见习内容，如见习目的是了解幼儿园的一日常规，那么见习内容就是观察幼儿活动的程序及其对幼儿的要求，并观察保教人员是如何要求幼儿遵守常规的。写见习报告时，我们要详细地记录下见习时观察到的各种情况。最后就是写见习收获和体会了，即通过本次见习，我们了解到了什么，学习到了什么，本次见习对自己哪些方面有启发作用，通过见习有什么感想等。

图 1 幼儿进餐

图 2 教师伏案备课

见习报告表

走进幼儿园

见习时间：

见习地点：

见习班级：

见习目的：

见习内容和过程：

见习收获和体会：

第二次见习

同学们，我们学习"学前儿童卫生与保健"这门课程已经有一段时间了，已经懂得了保育工作的重要性，知道了该如何促进幼儿健康成长，同时明确了幼儿园一日活动各个环节的卫生要求。为了加深感性认识，把理论和实践结合起来，我们有必要到幼儿园进行一日活动的见习。

第二次见习时间可定在高一第一学期 12 月的某一天，见习内容为观察保教人员的保育工作。

见习目的：

（1）了解保教人员对幼儿进行保健与生活照料的内容、形式及方法；

（2）明确幼儿园一日活动的安排与组织及各个环节的卫生要求等。

见习要求：

（1）仔细观察，详细记录各个环节保教人员的保育工作；

（2）第二次见习结束了，同学们进一步了解了幼儿园的保育工作，那么就来写一篇以"幼儿园的保育工作"为题的见习报告吧！

第二次见习记录表

时　间	环　节	教　师	保育员	幼　儿	评　议

见习报告表

幼儿园的保育工作

见习时间：

见习地点：

见习班级：

见习目的：

见习内容和过程：

见习收获和体会：

🪀 **实践资料**

幼儿园保育工作旨在促进幼儿健康成长。保育工作是由教师和保育员共同承担的。为了明确幼儿园一日活动各个环节中教师和保育员的主要职责，我们将保教人员在幼儿园一日活动主要环节中的工作要点列举如下。需要注意的是，教师和保育员的工作虽各有侧重，但他们随时随地需要协同合作。

幼儿园一日活动主要环节的保育工作要点

环节	教师	保育员	备注
来园	热情接待家长，向家长了解幼儿在家的表现和健康状况，对幼儿提出一日的卫生要求，对刚入园的幼儿做好安抚工作。	在幼儿入园前开窗通风，整理好教室内外的环境卫生，幼儿来园时帮助幼儿放置好物品等。	保健老师在幼儿园大门口进行晨检
进餐	进餐前：创设舒适愉快的进餐环境；组织如厕、洗手；组织安静的活动，如讲故事、听音乐等。 进餐中：组织进餐，注意培养良好的进餐习惯及卫生习惯。 进餐后：提醒幼儿擦嘴、漱口、分类摆放餐具，并组织饭后散步等。	进餐前：清洁餐桌，分好碗筷和饭菜；与教师一起组织幼儿如厕、洗手等。 进餐中：与教师一起组织进餐，注意培养良好的卫生习惯。 进餐后：收拾餐桌，送回餐具，做好地面的清洁工作。	保教人员务必协同合作
午睡	睡前准备：饭后组织散步、如厕，避免幼儿太兴奋，要求幼儿安静上床。 午睡过程中：不断巡视，不能离开寝室，及时细致地为幼儿擦汗、盖被，纠正不良睡姿，发现幼儿神色异常应及时报告、紧急处理，注意培养良好的生活习惯。 午睡后：指导和帮助幼儿穿衣、穿鞋、叠被子，组织如厕，帮助女孩梳头。	睡前准备：创设安静舒适的睡眠环境，提前通风换气，保持空气清新，保持适宜的室温；拉上窗帘，关灯；适当帮助小班幼儿穿脱鞋袜外套、叠被子，要求中大班幼儿独立完成；注意培养幼儿的生活自理能力。 午睡后：坚守岗位，不串班闲谈，经常巡视。午睡后与教师一起指导帮助幼儿穿衣、穿鞋、叠被子，组织如厕。	保教人员务必协同合作

续表

环节	教师	保育员	备注
教育活动	活动前：通风换气，准备教具、学具等。 活动中：注意培养幼儿正确的姿势，把握好不同年龄段幼儿的活动时间。 活动后：与保育员一起整理活动场地。	活动前：做好室内外的清洁卫生工作和通风换气工作，保证活动场地光线充足，排列好课桌椅。 活动中：协助教师管理幼儿及做好幼儿的生活、安全保障工作。 活动后：活动结束后整理场地。	保教人员务必协同合作
户外活动	活动前：组织幼儿如厕，检查服装并点名，准备玩具和活动材料。 活动中：让所有幼儿都在教师视线内活动，保证安全；注意观察幼儿，随时督促幼儿添减衣物、擦汗。 活动后：让幼儿慢慢减少运动量，进行放松活动；清点人数，带幼儿回教室。	活动前：检查活动场地，清除场地里的不安全因素，检查大型玩具是否安全。 活动中：协助教师组织活动、保证安全；注意观察幼儿，随时帮助幼儿添减衣物、擦汗。 活动后：整理场地、玩具和运动器材，与教师一起带幼儿回教室。	保教人员务必协同合作
盥洗如厕	组织幼儿分批进行盥洗和如厕。教给幼儿正确洗手和穿脱裤子、便后擦屁股的方法；对年龄小的、自理能力差的幼儿要陪同和照顾。	和教师一起教幼儿正确洗手和穿脱裤子、便后擦屁股；对年龄小的、自理能力差的幼儿要陪同和照顾，帮助他们擦屁股和提裤子。	保教人员务必协同合作
离园	做好离园前的准备工作，组织幼儿喝水、小便，教育幼儿把玩具、桌椅等放置好，穿戴整齐。 亲手把幼儿交给家长。个别晚接的幼儿，由本班教师亲自交给值班人员。	幼儿离园后做好教室的清洁、整理工作，并进行消毒；认真检查本班的门窗、水电源是否关闭，确保没有幼儿留下时才能锁门。	保教人员务必协同合作

延伸学习

同学们，为了更好地将理论与实践相结合，提高我们的工作能力，接下来我们一起来看6段小视频。请大家结合我们平时学到的理论知识和在幼儿园见习时获得的感性经验，带着问题观看。

1. 晨检：幼儿园保健老师是如何对幼儿进行入园晨检的？

2. 来园：幼儿来园时教师是怎么做的？你觉得哪些地方需要改进？

3. 盥洗：正确的洗手方法应该是什么样的？

4. 进餐：进餐前教师应该做些什么？进餐中应该注意哪些问题？进餐后又应该做些什么？

5. 午睡：午睡应该怎么组织？

6. 离园：幼儿离园时教师是怎么做的？你觉得还可以怎么做？

第二节　幼儿园保育工作实习

"学前儿童卫生与保健"是一门理论与实践联系非常紧密的课程。为了让理论更好地服务于实践，也为了提高实践操作能力，为毕业后顺利走上工作岗位打下坚实基础，同学们有必要到幼儿园进行真真切切的实习。我们在以往其他课程的学习中也接触了一些学前儿童卫生与保健的相关知识，那学习效果如何呢？我们就通过这次幼儿园保育工作实习来检验一下吧。

什么是实习呢？实习就是指学生以幼儿园教师的角色参与幼儿园保育工作。实习能培养我们独立从事幼儿园保育工作的能力，激发我们对幼儿和幼教事业的热爱之情。通过实习，我们可以把所学的专业知识和技能技巧综合运用于教学实践中。人生中的第一次实习即将开始啦！祝同学们在实习中取得好成绩！

一、实习目的

（1）初步了解幼儿园保育工作的内容、方法和基本流程，增强对学前教育工作的认识，培养热爱幼儿的情感。

（2）明确保育员的工作意义、工作内容和工作职责，了解保育员在对幼儿进行保育过程中的重要作用，掌握组织幼儿日常生活护理、照料的技能，增强保育意识。

（3）结合"学前儿童卫生与保健"课程的学习内容，了解幼儿的生理特点，了解幼儿园一日活动各个环节的卫生要求，学习组织幼儿日常活动的技能。

二、实习内容

（1）科学照料和管理幼儿生活，做好日常的清洁卫生和消毒工作，配合本班教师组织教育活动等。

（2）在教师指导下，组织幼儿进行一日活动中的进餐、睡眠、如厕等。

（3）观察并记录幼儿在各项活动中体现出来的各大系统的特点和幼儿的年龄特点。

三、实习过程

（一）实习前的准备

同学们在下园实习前，必须认真学习教育部颁发的《幼儿园工作规程》《幼儿园教育指导纲要（试行）》，了解幼儿园的基本情况。

（二）实习时间及安排

一般来说，保育工作的实习期为一周。

实习前一周下园，同学们要认真听取园长对幼儿园基本情况的介绍；与教师、保育员见面，有礼貌地做自我介绍；熟悉幼儿园环境，了解作息时间和一日活动常规要求。

第一、二天见习两天。见习期间，同学们的主要任务是观察，并做认真、仔细的记录。同学们在观察期间，不能影响保教人员正常的工作和幼儿正常的活动，例如，注意自己的观察位置，进出活动室时不大声喧哗等。同学们在记录时要注意条理清楚，记录活动时间和内容、教师组织过程、各个环节的保育工作、幼儿活动情况等。

见习期间同学们应尽快了解下列内容：

（1）通过听教师介绍和实地观察，了解幼儿作息制度。

（2）了解幼儿一日活动常规，即幼儿园制定的幼儿活动程序及其对幼儿的要求。

（3）了解保育员一周工作的内容、程序和要求（请保育员提供一周工作的内容安排）。

（4）观察保教人员如何相互配合组织一日活动各个环节。

（5）注意观察保教人员护理幼儿的操作过程，如如何指导幼儿洗手、洗脸、洗澡、刷牙、穿脱衣裤鞋袜、叠被等，观察保教人员对个别幼儿的特别护理。

（6）见习后整理出一份本班保育员一日工作计划。

（7）在教师的指导下着手制订组织日常活动某个环节的计划，交给教师审阅。

第三、四、五天实习。实习期间，同学们的任务如下：

（1）按计划做好保育工作，包括护理幼儿及日常的清洁卫生和消毒工作等；一天工作结束之后认真总结经验，主动征求教师和保育员的意见，不断改进工作，不断提高工作质量。

（2）组织幼儿一日活动中的某个生活环节，如就餐、午睡、如厕等。当某一个同学在组织活动时，配班的同学要认真做好配班工作；组织活动后，虚心听取教师的分析意见，并总结经验。

四、实习结束后应交的作业

（1）保育员一周工作计划。

（2）保育员一日工作计划。

（3）组织一日活动某个环节的计划。

（4）实习小结。

保育员一周工作计划

时　间	工作要点
星期一	
星期二	
星期三	
星期四	
星期五	

保育员一日工作计划

实习园		实习班		指导教师	
班　级		学　号		姓　名	
时　间		活动环节		保育员的工作内容及要求	

实习生组织生活活动计划

班级＿＿＿＿＿　学号＿＿＿＿＿　姓名＿＿＿＿＿

一、活动名称

二、活动要求

三、组织过程

实习小结

🐴 **实践资料**

《幼儿园工作规程》（节选）

（新修订的《幼儿园工作规程》自 2016 年 3 月 1 日起施行）

第四章 幼儿园的卫生保健

第十七条 幼儿园必须切实做好幼儿生理和心理卫生保健工作。

幼儿园应当严格执行《托儿所幼儿园卫生保健管理办法》以及其他有关卫生保健的法规、规章和制度。

第十八条 幼儿园应当制定合理的幼儿一日生活作息制度。正餐间隔时间为 3.5-4 小时。在正常情况下，幼儿户外活动时间（包括户外体育活动时间）每天不得少于 2 小时，寄宿制幼儿园不得少于 3 小时；高寒、高温地区可酌情增减。

第十九条 幼儿园应当建立幼儿健康检查制度和幼儿健康卡或档案。每年体检一次，每半年测身高、视力一次，每季度量体重一次；注意幼儿口腔卫生，保护幼儿视力。

幼儿园对幼儿健康发展状况定期进行分析、评价，及时向家长反馈结果。

幼儿园应当关注幼儿心理健康，注重满足幼儿的发展需要，保持幼儿积极的情绪状态，让幼儿感受到尊重和接纳。

第二十条 幼儿园应当建立卫生消毒、晨检、午检制度和病儿隔离制度，配合卫生部门做好计划免疫工作。

幼儿园应当建立传染病预防和管理制度，制定突发传染病应急预案，认真做好疾病防控工作。

幼儿园应当建立患病幼儿用药的委托交接制度，未经监护人委托或者同意，幼儿园不得给幼儿用药。幼儿园应当妥善管理药品，保证幼儿用药安全。

幼儿园内禁止吸烟、饮酒。

第二十一条 供给膳食的幼儿园应当为幼儿提供安全卫生的食品，编制营养平衡的幼儿食谱，定期计算和分析幼儿的进食量和营养素摄取量，保证幼儿合理膳食。

幼儿园应当每周向家长公示幼儿食谱，并按照相关规定进行食品留样。

第二十二条 幼儿园应当配备必要的设备设施，及时为幼儿提供安全卫生的饮用水。

幼儿园应当培养幼儿良好的大小便习惯，不得限制幼儿便溺的次数、时间等。

第二十三条　幼儿园应当积极开展适合幼儿的体育活动，充分利用日光、空气、水等自然因素以及本地自然环境，有计划地锻炼幼儿肌体，增强身体的适应和抵抗能力。正常情况下，每日户外体育活动不得少于 1 小时。

幼儿园在开展体育活动时，应当对体弱或有残疾的幼儿予以特殊照顾。

第二十四条　幼儿园夏季要做好防暑降温工作，冬季要做好防寒保暖工作，防止中暑和冻伤。

第七章　幼儿园的教职工

第四十一条　幼儿园教师必须具有《教师资格条例》规定的幼儿园教师资格，并符合本规程第三十九条规定。

幼儿园教师实行聘任制。

幼儿园教师对本班工作全面负责，其主要职责如下：

（一）观察了解幼儿，依据国家有关规定，结合本班幼儿的发展水平和兴趣需要，制订和执行教育工作计划，合理安排幼儿一日生活；

（二）创设良好的教育环境，合理组织教育内容，提供丰富的玩具和游戏材料，开展适宜的教育活动；

（三）严格执行幼儿园安全、卫生保健制度，指导并配合保育员管理本班幼儿生活，做好卫生保健工作；

（四）与家长保持经常联系，了解幼儿家庭的教育环境，商讨符合幼儿特点的教育措施，相互配合共同完成教育任务；

（五）参加业务学习和保育教育研究活动；

（六）定期总结评估保教工作实效，接受园长的指导和检查。

第四十二条　幼儿园保育员应当符合本规程第三十九条规定，并应当具备高中毕业以上学历，受过幼儿保育职业培训。

幼儿园保育员的主要职责如下：

（一）负责本班房舍、设备、环境的清洁卫生和消毒工作；

（二）在教师指导下，科学照料和管理幼儿生活，并配合本班教师组织教育活动；

（三）在卫生保健人员和本班教师指导下，严格执行幼儿园安全、卫生保健制度；

（四）妥善保管幼儿衣物和本班的设备、用具。

第二章 幼儿园教育活动见习

章前导言

同学们，我们已经去幼儿园进行了充分的保育工作见习，接下来我们在实践环节的主要任务是参加各个领域教育活动的见习。在健康、语言、社会、科学和艺术这五个领域的五次见习中，我们将会前往幼儿园观摩每个领域大、中、小三个年龄班的示范课，做好活动的组织者、记录人、地点、时间、班级、人数、名称、组织过程等的记录工作。在每个领域的见习活动开始前，我们需要了解每个领域的概念、总目标以及活动组织的形式和方法等。让我们先从健康领域开始吧！

第一节 幼儿园健康领域教育见习

幼儿健康教育是以培养幼儿的健康意识和自我保健能力、促进幼儿身体发育、增进幼儿健康水平为目的的教育活动，包括身体和心理的健康教育、体育、疾病的预防、日常生活保育、安全教育等内容。《幼儿园教育指导纲要（试行）》明确要求"幼儿园必须把保护幼儿的生命和促进幼儿的健康放在工作的首位"。因此，促进幼儿身心健康发展既是幼儿教育的根本目的，也是幼儿健康教育的终极目标。

健康领域教育见习主要安排大、中、小三个年龄班的集体教学活动，内容包括体育、生活卫生习惯的培养、安全教育、心理健康教育等，主要目的是让同学们了解如下内容：健康领域所包含的具体内容，每项内容应该如何设计与组织，活动设计的方法如何选择，以及指导语如何做到准确、规范、能引起幼儿的兴趣等。

🥁 温馨提示

幼儿健康教育活动设计的内容包括：（1）活动名称（含其所适合的年龄班）；（2）活动目标；（3）活动准备；（4）活动过程；（5）活动延伸。同学们在健康领域示范课观摩中，要注意认真看，仔细听，明确所观摩的活动属于健康领域的哪项内容，随后将这五项内容尽可能详细地记录在我们的手册中，并能完善该教育活动方案，做好评价。

幼儿园健康领域教育见习活动记录表（一）

班级＿＿＿＿＿ 上课教师＿＿＿＿＿＿

时间	年　月　日　星期	地点	
活动名称			
活动目标			
活动准备			
活动过程			

活动 延伸	
观摩 评价	

完善
教案

（按照完整的教案格式书写）

完善
教案

幼儿园健康领域教育见习活动记录表（二）

班级_____ 上课教师_____

时间	年　月　日　星期	地点	
活动 名称			
活动 目标			
活动 准备			
活动 过程			

活动 延伸	
观摩 评价	

（按照完整的教案格式书写）

完善
教案

完善
教案

幼儿园健康领域教育见习活动记录表（三）

班级_____ 上课教师_____

时间	年　月　日　星期	地点	
活动 名称			
活动 目标			
活动 准备			
活动 过程			

活动 延伸	
观摩 评价	

（按照完整的教案格式书写）

完善
教案

完善
教案

实践资料

《3—6岁儿童学习与发展指南》指出，健康是指人在身体、心理和社会适应方面的良好状态。幼儿阶段是儿童身体发育和机能发展极为迅速的时期，也是形成安全感和乐观态度的重要阶段。发育良好的身体、愉快的情绪、强健的体质、协调的动作、良好的生活习惯和基本生活能力是幼儿身心健康的重要标志，也是其他领域学习与发展的基础。具体来说，《幼儿园教育指导纲要（试行）》提出四个总目标：（1）身体健康，在集体生活中情绪安定、愉快；（2）生活、卫生习惯良好，有基本的生活自理能力；（3）知道必要的安全保健常识，学习保护自己；（4）喜欢参加体育活动，动作协调、灵活。这体现出了以下三个价值取向：身心和谐发展，保护与锻炼并重，注重健康行为的形成。

延伸学习

提到幼儿园健康领域教育，同学们就应该想到保证幼儿的安全与身心健康是幼儿园的首要任务。幼儿园教育主要通过体育活动与游戏来实现这个目标，请大家看看这段视频。

视频中幼儿和教师在进行什么活动？主要锻炼了幼儿哪些方面的技能？

大班体育活动：草地上的游戏

活动背景：

这是在"草地上的游戏"主题下设置的活动，让幼儿在做中学、玩中学，锻炼幼儿身体协调能力的同时，让其感受游戏的乐趣。

活动目标：

（1）引导幼儿学习听口令做动作（走、跑、跳等），动作要灵活、协调；

（2）使幼儿形成集体游戏的规则意识；

（3）引导幼儿感受运动带来的乐趣，喜欢并愿意参加运动。

第二节　幼儿园语言领域教育见习

　　语言是交流和思维的工具。幼儿期是语言发展，特别是口语发展的重要时期。幼儿语言的发展贯穿于各个领域，也对其他领域的学习与发展有着重要的影响。幼儿在运用语言进行交流的同时，也在发展着人际交往能力、理解他人和判断交往情境的能力、组织自己思想的能力。通过语言获取信息，幼儿的学习逐步超越个体的直接感知。

　　幼儿语言教育活动是有目的、有计划、有组织地对幼儿进行语言教育的过程，既包括教师有目的、有计划地组织的专门的语言教育内容，也包括渗透在幼儿一日活动各个环节之中及其他领域活动中的语言教育内容。专门的语言教育内容分别渗透在谈话活动、讲述活动、听说游戏、文学活动和早期阅读这几种形式的活动之中。

　　语言领域教育见习的主要目的是让同学们了解如下内容：语言领域所包含的具体内容，每项内容如何设计与组织，宽松的语言环境如何创设，活动设计的方法如何选择，组织教学时多媒体、道具等媒介如何运用，以及指导语如何做到准确、规范、能引起幼儿的兴趣等。

温馨提示

　　幼儿语言教育活动设计的内容包括：（1）活动名称；（2）活动目标；（3）活动准备；（4）活动过程；（5）活动延伸。同学们在语言领域示范课观摩中，要注意认真看，仔细听，明确所观摩活动的侧重点是学习故事、诗歌、儿歌还是语言游戏，随后将这五项内容尽可能详细地记录在我们的手册中，并能完善该教育活动方案，做好评价。

幼儿园语言领域教育见习活动记录表（一）

班级_____ 上课教师_____

时间	年　月　日　星期	地点	
活动 名称			
活动 目标			
活动 准备			
活动 过程			

活动延伸	
观摩评价	

（按照完整的教案格式书写）

完善
教案

完善
教案

幼儿园语言领域教育见习活动记录表（二）

班级_____ 上课教师_____

时间	年　月　日　星期	地点	
活动 名称			
活动 目标			
活动 准备			
活动 过程			

活动 延伸	
观摩 评价	

（按照完整的教案格式书写）

完善
教案

完善
教案

幼儿园语言领域教育见习活动记录表（三）

班级_____ 上课教师_____

时间	年　月　日　星期	地点	
活动名称			
活动目标			
活动准备			
活动过程			

活动延伸	
观摩评价	

（按照完整的教案格式书写）

完善
教案

完善
教案

实践资料

《3—6岁儿童学习与发展指南》指出，幼儿的语言能力是在交流和运用的过程中发展起来的。应为幼儿创设自由、宽松的语言交往环境，鼓励和支持幼儿与成人、同伴交流，让幼儿想说、敢说、喜欢说并能得到积极回应。为幼儿提供丰富、适宜的低幼读物，经常和幼儿一起看图书、讲故事，丰富其语言表达能力，培养阅读兴趣和良好的阅读习惯，进一步拓展学习经验。

幼儿的语言学习需要相应的社会经验支持，应通过多种活动扩展幼儿的生活经验，丰富语言的内容，增强理解和表达能力。应在生活情境和阅读活动中引导幼儿自然而然地产生对文字的兴趣，用机械记忆和强化训练的方式让幼儿过早识字不符合其学习特点和接受能力。

《幼儿园教育指导纲要（试行）》指出，语言领域的总目标包括：（1）乐意与人交谈，讲话礼貌；（2）注意倾听对方讲话，能理解日常用语；（3）能清楚地说出自己想说的事；（4）喜欢听故事、看图书；（5）能听懂和会说普通话。

延伸学习

在课堂上听了很多关于语言领域的理论讲解，同学们一定想看看语言活动是如何组织的吧？让我们一睹为快吧！

视频中的教师在开展语言活动时，特别强调让幼儿去思考，去大胆表达，所以语言活动重在培养幼儿听、说、读的能力哦！

大班语言活动： 阅读绘本《可以》

活动背景：

通过带领幼儿一起阅读绘本《可以》，让幼儿发散思维，大胆动脑想象，并引导幼儿在集体面前用完整的语言来描述绘本故事。

活动目标：

（1）引导幼儿在集体面前学会用"可以"来描述故事情节；

（2）引导幼儿大胆想象故事情节的发展，促进其想象力的发展；

（3）激发幼儿的阅读兴趣。

第三节　幼儿园社会领域教育见习

幼儿社会教育是以发展幼儿的社会认知，引导幼儿正确地认识自己、他人和社会，激发幼儿的社会情感，促进幼儿形成对自己、他人和社会的积极态度，以及培养幼儿良好的社会行为和习惯为主要目标的教育。对幼儿来说，人际交往和社会适应是幼儿社会学习的主要内容，也是其社会性发展的基本途径。

社会领域教育见习的主要目的是让同学们了解如下内容：幼儿人际交往和社会适应的发展水平，社会教育活动中的每项内容如何设计与组织，活动设计的方法如何选择，组织教学时如何运用其他媒介来充实活动，以及指导语如何做到准确、规范、能引起幼儿的兴趣等。

温馨提示

幼儿社会教育活动设计的内容包括：（1）活动名称；（2）活动目标；（3）活动准备；（4）活动过程；（5）活动延伸。同学们在社会领域示范课观摩中，要注意认真看，仔细听，明确所观摩的活动属于社会领域的哪个范畴，重点关注教师采用了什么手段来促进幼儿的社会性发展，以及教师的指导语是如何表达的（最好能将教师的主要指导语记录下来），随后将这五项内容尽可能详细地记录在我们的手册中，并能完善该教育活动方案，做好评价。

幼儿园社会领域教育见习活动记录表（一）

班级_____ 上课教师_____

时间	年　月　日　星期	地点	
活动 名称			
活动 目标			
活动 准备			
活动 过程			

活动 延伸	
观摩 评价	

（按照完整的教案格式书写）

完善
教案

（按照完整的教案格式书写）

完善
教案

幼儿园社会领域教育见习活动记录表（二）

班级_____ 上课教师_____

时间	年　月　日　星期	地点	
活动 名称			
活动 目标			
活动 准备			
活动 过程			

活动延伸	
观摩评价	

（按照完整的教案格式书写）

完善
教案

完善
教案

幼儿园社会领域教育见习活动记录表（三）

班级＿＿＿＿＿ 上课教师＿＿＿＿＿

时间	年　月　日　星期	地点	
活动名称			
活动目标			
活动准备			
活动过程			

活动延伸	
观摩评价	

（按照完整的教案格式书写）

完善
教案

完善
教案

🐴 **实践资料**

依据《幼儿园教育指导纲要（试行）》和《3—6岁儿童学习与发展指南》，我们将幼儿社会教育的内容归纳为以下四点：（1）形成良好的人际关系；（2）爱护自然环境，适应社会环境；（3）遵守社会规范，形成良好的社会生活习惯；（4）加强幼儿对自我的认识、对他人的认识，理解不同人的态度、情感、行为，培养幼儿的自信心、自尊心及自我控制的应变能力。

《幼儿园教育指导纲要（试行）》指出，社会领域的总目标包括：（1）能主动地参与各项活动，有自信心；（2）乐意与人交往，学习互助、合作和分享，有同情心；（3）理解并遵守日常生活中基本的社会行为规则；（4）能努力做好力所能及的事，不怕困难，有初步的责任感；（5）爱父母长辈、老师和同伴，爱集体、爱家乡、爱祖国。

ABC **延伸学习**

社会领域活动的教育目标有时比较抽象，内容也容易缺少趣味性。我们一起来看看这位教师是如何组织活动的。

同学们在组织社会领域活动时可以学习这位教师，在活动中加入游戏、故事等。

大班社会活动：我的本领很大

活动背景：

这是一个为即将升入小学的大班幼儿设计的社会活动，目的是让幼儿对自己有更积极的认识和评价，为上小学做准备。

活动目标：

（1）通过让幼儿展示自己的本领，提升幼儿对自我的认识和评价；

（2）让幼儿在观看别人本领的同时，多向其他幼儿学习。

第四节 幼儿园科学领域教育见习

《3—6 岁儿童学习与发展指南》指出，幼儿的科学学习是在探究具体事物和解决实际问题中，尝试发现事物间的异同和联系的过程。幼儿在对自然事物进行探究和运用数学解决实际生活问题的过程中，不仅能获得丰富的感性经验，充分发展形象思维，而且能初步尝试归类、排序、判断、推理，逐步发展逻辑思维能力，为其他领域的深入学习奠定基础。

科学领域教育见习主要安排大、中、小三个年龄班的集体教学活动，内容包括数学认知、科学小实验、科学常识等，主要目的是让同学们了解如下内容：幼儿认知发展的年龄特点，科学领域所包含的具体内容，每项内容如何设计与组织，活动设计的方法如何选择，以及指导语如何做到准确、规范、能引起幼儿的兴趣等。

温馨提示

幼儿科学教育活动设计的内容包括：（1）活动名称；（2）活动目标；（3）活动准备；（4）活动过程；（5）活动延伸。同学们在科学领域示范课观摩中，要注意认真看，仔细听，明确所观摩的活动属于科学领域的哪项内容及教师采用的是何种方法。由于科学领域的内容特别强调准确性，因此教师在活动中的指导语需要简练、通俗易懂而且准确。同学们需要特别关注教师说的每一句指导语，并将其记录下来，以便自己在设计活动时模仿。最后，同学们将这五项内容尽可能详细地记录在我们的手册中，并能完善该教育活动方案，做好评价。

幼儿园科学领域教育见习活动记录表（一）

班级_____ 上课教师_____

时间	年　月　日　星期	地点	
活动 名称			
活动 目标			
活动 准备			
活动 过程			

活动延伸	
观摩评价	

（按照完整的教案格式书写）

完善
教案

完善
教案

幼儿园科学领域教育见习活动记录表（二）

班级＿＿＿＿＿ 上课教师＿＿＿＿＿

时间	年 月 日 星期	地点	
活动 名称			
活动 目标			
活动 准备			
活动 过程			

活动 延伸	
观摩 评价	

（按照完整的教案格式书写）

完善
教案

完善
教案

幼儿园科学领域教育见习活动记录表（三）

班级_____ 上课教师_____

时间	年 月 日 星期	地点	
活动名称			
活动目标			
活动准备			
活动过程			

活动 延伸	
观摩 评价	

完善教案	（按照完整的教案格式书写）

完善
教案

🐴 实践资料

《3—6 岁儿童学习与发展指南》指出，幼儿科学学习的核心是激发探究兴趣，体验探究过程，发展初步的探究能力。成人要善于发现和保护幼儿的好奇心，充分利用自然和实际生活机会，引导幼儿通过观察、比较、操作、实验等方法，学习发现问题、分析问题和解决问题；帮助幼儿不断积累经验，并运用于新的学习活动，形成受益终身的学习态度和能力。

幼儿的思维特点以具体形象思维为主，应注重引导幼儿通过直接感知、亲身体验和实际操作进行科学学习，不应为追求知识和技能的掌握，对幼儿进行灌输和强化训练。

《幼儿园教育指导纲要（试行）》指出，科学领域的总目标包括：（1）对周围的事物、现象感兴趣，有好奇心和求知欲；（2）能运用各种感官，动手动脑，探究问题；（3）能用适当的方式表达、交流探索的过程和结果；（4）能从生活和游戏中感受事物的数量关系并体验到数学的重要和有趣；（5）爱护动植物，关心周围环境，亲近大自然，珍惜自然资源，有初步的环保意识。

依据《幼儿园教育指导纲要（试行）》，我们将幼儿科学教育的内容归纳为：（1）认识和探究植物；（2）关爱和认识动物；（3）了解和爱护人体；（4）体验和了解材料；（5）发现事物间的关系及变化；（6）尝试使用工具；（7）体验技术设计；（8）感受天气变化，发现自然界的奇妙；（9）关爱环境，珍惜资源；（10）感受科技对生活的影响。幼儿科学教育活动的类型包括观察认识活动、实验操作活动、科学游戏活动、科学小制作活动、讨论探究活动、种植饲养活动。此外，幼儿数学教育的内容包括量与计量、数与数量关系、几何图形、空间方位、时间，活动类型主要包括认知理解型活动、操作游戏型活动、探究发现型活动。

🔤 延伸学习

1. 数学活动

数学活动是如何开展的？让我们一起来看看吧！

这是一个数学活动，在活动中引导幼儿协同合作也是很重要的哦！

大班数学活动：门牌号码

活动背景：

序数在生活中用得比较多，但是比较抽象，幼儿较难理解。本活动通过编门牌号的游戏，让幼儿在操作的过程中掌握相应的内容。

活动目标：

（1）感受门牌号与楼层、房间位置之间的对应关系，学习用数字表示；

（2）运用生活中的序数经验为动物楼房设计门牌号码；

（3）体验数字在生活中的作用。

2. 科学活动

科学活动重在让幼儿参与、操作，在做的过程中激发他们的兴趣与想象力，引导他们去思考与发现一些科学小原理。请大家观看这段视频，注意教师是如何引导幼儿开展实验的。教师的指导语是很重要的哦！

视频中的幼儿在进行实验操作时，每组都有实验记录表，这个是非常重要的。

同学们以后自己设计活动时也要考虑到记录结果这一环节。

中班科学小实验：泡泡水的制作

活动背景：

吹泡泡是幼儿都很喜欢的游戏。本活动通过让幼儿自己动手做泡泡水，激发幼儿的兴趣，也让幼儿在玩耍的过程中掌握一些科学小常识。

活动目标：

（1）尝试使用各种洗涤用品制作能吹出泡泡的水，激发幼儿对溶解现象的好奇心；

（2）通过操作活动探索出不同的洗涤用品混合后能吹出更大的泡泡；

（3）感受参加吹泡泡活动的乐趣，体验成功的喜悦。

第五节　幼儿园艺术领域教育见习

幼儿艺术教育主要涉及音乐、美术等形式。艺术活动的情感性、想象性、活动性符合幼儿的思维水平和认知特点。《3—6 岁儿童学习与发展指南》强调，艺术是人类感受美、表现美和创造美的重要形式，也是表达自己对周围世界的认识和情绪态度的独特方式。每个幼儿心里都有一颗美的种子。幼儿艺术领域学习的关键在于充分创造条件和机会，在大自然和社会文化生活中萌发幼儿对美的感受和体验，丰富其想象力和创造力，引导幼儿学会用心灵去感受和发现美，用自己的方式去表现和创造美。

幼儿音乐教育活动的内容主要包括歌唱活动、韵律活动、打击乐器演奏活动、音乐欣赏活动以及识谱。幼儿美术教育活动的内容主要包括绘画活动、手工活动以及欣赏活动，常常采用观察、范例与演示、游戏练习及语言指导等方法来设计。

艺术领域教育见习主要安排大、中、小三个年龄班的集体教学活动，内容包括音乐和美术两大类活动，主要目的是让同学们了解如下内容：幼儿音乐与美术水平发展的年龄特点，艺术领域所包含的具体内容，每项内容如何设计与组织，活动设计的方法如何选择，以及指导语如何做到准确、规范、能引起幼儿的兴趣等。

温馨提示

幼儿艺术教育活动设计的内容包括：（1）活动名称；（2）活动目标；（3）活动准备；（4）活动过程；（5）活动延伸。同学们在艺术领域示范课观摩中，要注意认真看，仔细听，体会教师的设计理念与思路，研究教师在艺术教育活动中的示范与引导是如何进行的，随后将这五项内容尽可能详细地记录在我们的手册中，并能完善该教育活动方案，做好评价。

幼儿园艺术领域教育见习活动记录表（一）

班级＿＿＿＿＿＿　上课教师＿＿＿＿＿＿＿

时间	年　月　日　星期	地点	
活动 名称			
活动 目标			
活动 准备			
活动 过程			

活动 延伸	
观摩 评价	

（按照完整的教案格式书写）

完善
教案

完善
教案

幼儿园艺术领域教育见习活动记录表（二）

班级＿＿＿＿＿＿　上课教师＿＿＿＿＿＿＿＿

时间	年　月　日　星期	地点	
活动名称			
活动目标			
活动准备			
活动过程			

活动 延伸	
观摩 评价	

（按照完整的教案格式书写）

完善
教案

完善
教案

幼儿园艺术领域教育见习活动记录表（三）

班级_____　上课教师_____

时间	年　月　日　星期	地点	
活动名称			
活动目标			
活动准备			
活动过程			

活动 延伸	
观摩 评价	

（按照完整的教案格式书写）

完善
教案

完善
教案

🐎 实践资料

《3—6岁儿童学习与发展指南》指出，幼儿对事物的感受和理解不同于成人，他们表达自己认识和情感的方式也有别于成人。幼儿稚嫩的笔触、动作和语言往往蕴含着丰富的想象和情感，成人应对幼儿的艺术表现给予充分的理解和尊重，不能用自己的审美标准去评判幼儿，更不能为追求结果的"完美"而对幼儿进行千篇一律的训练，以免扼杀其想象与创造的萌芽。

《幼儿园教育指导纲要（试行）》指出，艺术领域的总目标包括：（1）能初步感受并喜爱环境、生活和艺术中的美；（2）喜欢参加艺术活动，并能大胆地表现自己的情感和体验；（3）能用自己喜欢的方式进行艺术表现活动。

🔤 延伸学习

1. 音乐活动

音乐活动包括歌唱、韵律、音乐欣赏等活动类型。视频中的活动是什么活动？教师借助了哪些教具组织活动？

在这个韵律活动中，采茶音乐贯穿始终，律动与游戏相结合，为幼儿营造出了轻松愉悦的活动氛围。本活动让幼儿在音乐中感受自己身体各个部位所做的动作，在培养幼儿音乐感受力的同时增进幼儿对音乐活动的喜爱。在活动中，教师借助图片、图谱等教具让音乐旋律和节奏更加直观形象。

大班韵律活动：采茶

活动背景：

本次韵律活动，让音乐贯穿其中，将律动与游戏结合起来，为幼儿营造了轻松愉悦的氛围。通过熟悉的采茶活动，幼儿能在音乐中感受自己身体各个部位做出的优美的动作，产生愉快感。

活动目标：

（1）引导幼儿感受乐曲轻松愉悦的气氛，跟着音乐创编采茶的动作；

（2）引导幼儿通过观察、讨论、画图谱感受音乐的节奏与情绪；

（3）引导幼儿在跟着音乐做动作的过程中，感受采茶动作带来的愉悦感。

2. 美术活动

请观看这段视频，你认为幼儿在进行什么活动？

这是中班幼儿在美工坊里分组开展的一次美术活动。视频中的幼儿在集体设计一条裙子，通过剪、贴等方式，合作完成了任务。在此过程中，幼儿的小肌肉动作也得到了发展。

中班美术活动：设计漂亮的裙子

活动背景：

这是中班幼儿在美工坊里分组开展的一次美术活动。视频中的幼儿在集体设计一条裙子，他们有的剪，有的贴，合作完成了任务。

活动目标：

（1）通过剪、贴等方式，锻炼、发展幼儿的小肌肉群；

（2）以小组的形式共同完成任务，有助于培养幼儿的集体精神；

（3）发展幼儿的创造能力。

第三章 幼儿游戏活动见习

章前导言

　　同学们，在前面的两章中，我们了解了幼儿园保育工作以及五大领域教育活动应该如何设计与组织，接下来我们要进行的是幼儿游戏活动见习。幼儿园教育以游戏为主要方式。游戏是幼儿最喜欢的活动，其对促进幼儿认知的发展、社会性交往能力的培养等都起到了非常重要的作用。一般来说，我们将游戏分为创造性游戏、规则游戏、区域游戏三种。需要特别说明的是，规则游戏中的幼儿手指游戏能够灵活贯穿于幼儿园一日活动各个环节，是教师组织集体活动或小组活动的有效手段，所以特辟一节单独介绍。在幼儿游戏时，幼儿是游戏的主人，但教师也要起到很好的指导作用，所以我们需要对幼儿的游戏行为进行详细的观察、记录，从而认真分析幼儿的游戏行为，以给予正确的指导。

第一节 幼儿手指游戏的见习指导

　　幼儿手指游戏是幼儿园常见的游戏之一，操作方便灵活，内容浅显易懂，语言生动有趣，情节稚气活泼，节奏富有规律。通过参与游戏，幼儿的手指变得更加灵活，小肌肉群的发展更快，触觉更加灵敏，头脑更加聪明灵活，思维也更加开阔。

　　幼儿手指游戏不仅能帮助幼儿集中注意力，培养幼儿的手眼协调能力，促进幼儿手指精细动作的发展，还有助于幼儿语言能力的提高。

见习观察幼儿手指游戏的主要目的是让同学们了解幼儿手指游戏的基本要求，了解教师在和幼儿一起游戏的过程中如何发挥主导作用、如何指导幼儿以及如何更换材料等。

温馨提示

（1）同学们在进行幼儿手指游戏见习时，要先明确所观察的游戏具体属于幼儿游戏的哪一种。

（2）同学们在填写观察记录表时，尽可能详细地记录幼儿手指游戏的过程、场景、出现的问题以及幼儿的语言等。

（3）同学们要多注意观察教师在幼儿游戏时的指导行为以及教师处理矛盾的策略，并将这部分内容尽可能详细地记录在表格中。

幼儿手指游戏观察记录表

班级＿＿＿＿＿＿　　　　日期＿＿＿＿＿＿　　　　记录者＿＿＿＿＿＿

观察时间		观察地点	
观察对象			
观察目的			
过程描述			
教师的指导			
分析与调整			

延伸学习

这是一段幼儿手指游戏视频。请同学们注意观察教师在组织游戏时是如何提升幼儿的手眼协调能力的。

在游戏过程中，教师的语言讲解要生动，能吸引幼儿的注意力并易于幼儿理解。

第二节　创造性游戏的见习指导

创造性游戏的突出特点是幼儿的自主自愿和创造性，类型包括角色游戏、结构游戏、表演游戏等。在幼儿游戏的过程中，教师所投放的材料及营造的环境是非常重要的。

见习观察创造性游戏的主要目的是让同学们了解创造性游戏进行前环境布置的要求、教师在游戏过程中的指导方法及如何更换材料等。

温馨提示

（1）同学们在进行创造性游戏见习时，要先明确所观察的游戏具体属于创造性游戏的哪一种。

（2）同学们在填写观察记录表时，尽可能详细地记录幼儿游戏的过程、游戏的材料、游戏出现的问题以及幼儿的语言等。

（3）同学们要多注意观察教师在幼儿游戏时的指导行为及教师处理矛盾的策略，并将这部分内容尽可能详细地记录在表格中。

幼儿创造性游戏观察记录表（一）

班级＿＿＿＿＿＿＿　　　　日期＿＿＿＿＿＿＿　　　　记录者＿＿＿＿＿＿＿

观察时间		观察地点	
观察对象			
观察目的			
过程描述			
教师的指导			
分析与调整			

幼儿创造性游戏观察记录表（二）

班级_____　　　日期_____　　　记录者_____

观察时间		观察地点	
观察对象			
观察目的			
过程描述			
教师的指导			
分析与调整			

幼儿创造性游戏观察记录表（三）

班级＿＿＿＿＿＿　　　日期＿＿＿＿＿＿　　　记录者＿＿＿＿＿＿

观察时间		观察地点	
观察对象			
观察目的			
过程描述			
教师的指导			
分析与调整			

🐴 **实践资料**

幼儿园游戏的指导策略

（一）教师在幼儿游戏中的作用

教师要为幼儿游戏的开展做好充分的前期准备，主要包括创设游戏环境、保证游戏时间、丰富幼儿的游戏经验等，目的是激发幼儿游戏的兴趣，保证游戏的有效展开。

教师要从多个方面、多个角度、多个层次认真观察幼儿的游戏行为，倾听其游戏语言，准确了解幼儿在游戏中的表现，如游戏中同伴之间的关系、幼儿与材料之间的关系、幼儿对游戏的态度、游戏持续的时间、幼儿外部与内部的表现等，从而满足幼儿的合理需求。

教师要根据幼儿的特点和游戏情况适时、适当、适度地参与幼儿游戏，在发挥幼儿主动性的同时，发挥教师的引导作用，促进游戏合理、有效开展。

教师要引导幼儿收拾整理游戏场地，及时评价总结幼儿的游戏情况，以确定幼儿是否需要转换游戏主题、改变游戏环境，如增加游戏的材料、时间，为下一次游戏做好准备。

（二）教师介入幼儿游戏的策略

1. 以游戏者的身份介入

在幼儿游戏的过程中，教师可以以游戏者的身份参与幼儿游戏，提高游戏的质量。比如，当幼儿因为自己开的面馆没有顾客来消费而无所事事时，教师可以扮演顾客前去吃面，假装不知道该点哪种口味的，引导幼儿介绍。

2. 借助游戏材料介入

在幼儿游戏的过程中，教师可以为幼儿提供新的游戏材料，进一步激发幼儿的兴趣与探索精神，拓展游戏情节，丰富游戏技巧。根据游戏情节的不同，教师提供的材料也不尽相同。

3. 借助语言介入

幼儿在游戏的过程中，往往会因为沟通不顺而使游戏无法有效、有趣地开展下去，这就需要教师以询问、建议、鼓励、评论等不同形式指导幼儿的游戏。教师应根据实际情况，灵活使用多种语言形式，促进幼儿游戏的顺利开展。

（选编自董旭花：《幼儿园游戏》，北京，科学出版社，2009。）

ABC 延伸学习

1. 角色游戏

在幼儿园一日活动中，游戏是幼儿的主要活动方式。请大家观看这段视频，看看幼儿在开展什么游戏活动。

大班角色游戏：超市

活动目标：

（1）教师引导幼儿在学会分清超市游戏中营业员、保安等角色的工作职责的基础上，进行简单的游戏；

（2）教师以经理的角色帮助幼儿发展相应的游戏情节；

（3）活动结束后，教师提醒幼儿按角色区收拾游戏材料，并能整齐摆放。

大班角色游戏：医院

活动目标：

（1）教师引导幼儿了解医院工作人员及其职责，初步扮演医院中的各种角色；

（2）教师应让幼儿懂得生病时要去医院看病，了解看病的基本程序：挂号—看病—取药；

（3）教师引导幼儿大胆、有创造性地选择替代物与游戏材料，根据游戏需要自制简单玩具。

2. 结构游戏

请大家注意听，在结构游戏开始前，教师向幼儿提了哪些要求？

在这段视频中，教师在结构游戏中扮演了什么角色？请思考结构游戏中，教师应该如何进行指导。

大班结构游戏：搭房子

活动目标：

（1）让幼儿知道游戏的名称，激发幼儿的兴趣，让幼儿在教师的鼓励下参与结构游戏；

（2）让幼儿对建构材料感兴趣，感知材料的特征，熟悉材料的操作方法；

（3）通过教师的鼓励、帮助，引导幼儿初步学习插、搭高、讲解的技能。

第三节　规则游戏的见习指导

规则游戏的特点是具有明确的规则。规则游戏包括智力游戏、体育游戏及音乐游戏等。下面是大、中、小三个年龄班规则游戏的指导要点。

大、中班：

（1）要为幼儿选择需要运用一定策略、在认知上有一定难度的规则游戏；

（2）应注意多利用幼儿间的相互影响来提高幼儿的游戏水平；

（3）要引导幼儿正确对待输赢。

小班：

（1）要为幼儿选择规则简单，通过运用实物、玩具和简单的动作就能完成的游戏；

（2）要在游戏前提出规则并提醒幼儿遵守；

（3）注意多让幼儿体验游戏的乐趣，满足幼儿的游戏兴趣。

温馨提示

（1）同学们在进行规则游戏见习时，要先明确所观察的游戏具体属于规则游戏的哪一种。

（2）同学们在填写观察记录表时，尽可能详细地记录幼儿游戏的过程（游戏的规则与玩法）、游戏的材料、游戏出现的问题以及幼儿的语言等。

（3）同学们要多注意观察教师在幼儿游戏时的指导行为及教师处理矛盾的策略，并将这部分内容尽可能详细地记录在表格中。

幼儿规则游戏观察记录表（一）

班级＿＿＿＿＿＿＿　　　　日期＿＿＿＿＿＿＿　　　　记录者＿＿＿＿＿＿＿

观察时间		观察地点	
观察对象			
观察目的			
过程描述			
教师的指导			
分析与调整			

幼儿规则游戏观察记录表（二）

班级_____　　　　日期_____　　　　记录者_____

观察时间		观察地点	
观察对象			
观察目的			
过程描述			
教师的指导			
分析与调整			

幼儿规则游戏观察记录表（三）

班级＿＿＿＿＿＿＿　　　日期＿＿＿＿＿＿＿　　　记录者＿＿＿＿＿＿＿

观察时间		观察地点	
观察对象			
观察目的			
过程描述			
教师的指导			
分析与调整			

🐴 实践资料

《幼儿园教育指导纲要（试行）》提出幼儿要"理解并遵守日常生活中基本的社会行为规则"。遵守社会行为规则和日常生活规则是幼儿社会性发展的重要内容。进行有规则的游戏有助于幼儿建立一定的规则意识。

在幼儿的一日活动中，许多游戏的顺利进行取决于他们对游戏规则的掌握。幼儿由于个性有差异，在游戏过程中难免会有不同意见，产生各种矛盾。规则不仅是幼儿的活动要求，也是对幼儿行为的一种暗示。适宜、明确的游戏规则能让幼儿充分协商、统一意见，达到合作的目的。

例如，幼儿在玩游戏"老狼老狼几点了"时，因为"老狼到哪里就不能再抓人了"争执起来。这个说要画条线，那个说应该有个标志。这时，教师让幼儿回到自己身边，让他们互相讨论，然后制作一个"老狼抓人"的标志。在教师引导幼儿统一了意见后，他们又愉快地玩起了游戏。在游戏中，幼儿关系平等，他们有更多的交流机会，也能体会到自己是集体中的一员，能意识到自己和他人的关系，逐渐学会服从人们之间的关系准则，克服自我中心，形成适应社会需要的社会性行为。

教师在指导过程中，应注意以下几点。

（1）针对不同年龄段的幼儿，运用相应的方法来传递游戏规则，例如在中班，可以用清晰准确的语言将游戏的名称、玩法、规则和结果向幼儿逐一介绍清楚。

（2）在幼儿独立开展规则游戏时，应注意观察并帮助幼儿遵守规则，促进游戏顺利开展；鼓励幼儿积极地参与游戏，在游戏过程中可以适当给予幼儿奖励，从而激发幼儿的兴趣。

（3）在设置游戏内容与时间时，应该充分考虑幼儿的心理发展水平，选择适宜的游戏内容，并投放适宜的游戏材料。

（4）在游戏过程中，根据幼儿的个别差异分别提出不同的要求，使每个幼儿都可以得到提高。

（选编自么娜、胡彩云：《幼儿游戏活动指导》，上海，华东师范大学出版社，2014。）

🔤 延伸学习

这是一段规则游戏视频。请大家注意观察教师是如何讲解游戏规则与玩法的。

教师进行游戏规则讲解时，要注意语言简洁、清晰，用幼儿能理解的方式来解释。

规则游戏：丢手绢

活动目标：

（1）有效促进幼儿身体基本动作的发展，提高大肌肉群的运动机能；

（2）锻炼幼儿的应变能力、身体的灵活性和在公共场合的表现能力。

第四节　区域游戏的见习指导

区域游戏是幼儿一种重要的自主活动形式。它是以感到快乐和满足为目的，以操作、摆弄为途径的自主性学习活动，是幼儿主动解决问题的一种独特方式。幼儿的活动动机由内部动机支配而非来自外部的命令，表现为"我要游戏"，而不是"要我玩"。自主性是幼儿区域游戏的内在特征。区域游戏充分体现了幼儿身心发展的特点，可满足幼儿活动和游戏的需要，更好地促进幼儿自然、自由、快乐、健康的成长，实现"玩中学""做中学"。在区域游戏中，幼儿积极动脑，大胆创作。

温馨提示

（1）同学们在进行区域游戏见习时，要先明确所观察的是哪一个区域。

（2）同学们在填写观察记录表时，尽可能详细地记录幼儿游戏的过程、游戏的材料、游戏出现的问题及幼儿的语言等。

（3）同学们要多注意观察教师在幼儿游戏时的指导行为及教师处理矛盾的策略，并将这部分内容尽可能详细地记录在表格中。

幼儿区域游戏观察记录表（一）

班级＿＿＿＿＿＿＿　　日期＿＿＿＿＿＿＿　　记录者＿＿＿＿＿＿＿

观察时间		观察地点	
观察对象			
观察目的			
过程描述			
教师的指导			
分析与调整			

幼儿区域游戏观察记录表（二）

班级＿＿＿＿＿＿＿＿　　　日期＿＿＿＿＿＿＿＿　　　记录者＿＿＿＿＿＿＿＿

观察时间		观察地点	
观察对象			
观察目的			
过程描述			
教师的指导			
分析与调整			

幼儿区域游戏观察记录表（三）

班级_____　　　日期_____　　　记录者_____

观察时间		观察地点	
观察对象			
观察目的			
过程描述			
教师的指导			
分析与调整			

🐴 实践资料

《幼儿园教育指导纲要（试行）》强调"以人为本"的教育思想，强调以游戏为主要活动，重视幼儿的兴趣、需要，强调让幼儿拥有现实的快乐生活。它还指出游戏不仅是幼儿园开展各类活动的重要方式，而且已成为幼儿园教育中不可分割的部分。其中，区域游戏是开放的教育活动，是幼儿按自己的意愿进行的一种带有学习性质的游戏，也是对幼儿进行个别化教育的最佳手段。"游戏与主题整合"就是说当主题活动开展起来的时候，让区域游戏也随着主题活动的发展而变化，将主题活动有效地整合在区域游戏中，让区域游戏"动"起来。

游戏前明确主题活动的具体目标，是开展游戏的前提。

游戏内容随着主题活动的发展而变化，是开展游戏的关键。

游戏内容是对主题内容的有效整合，是目标的提升。

区域游戏具有"给幼儿机会选择游戏方式与游戏伙伴、决定游戏进程，促进幼儿独立性的发展"的价值。幼儿通过游戏相互交流，相互合作，得到能力的提高和个性的发展。游戏对于幼儿来说，更能体现幼儿的想象力、创造力和表现力。在游戏中，幼儿之间的交往是自主游戏的主要方式。各个游戏区域之间必须要有相互联系，这样才有助于幼儿相互交流。小班幼儿不善于与人交往，大都"以自我为中心"，所以教师在游戏中使各个游戏区域相互联系，就是为幼儿创设了一个隐性的促使幼儿相互交流的条件。

第四章 综合实习

章前导言

    同学们在了解了幼儿园保育工作、幼儿园教育活动和幼儿游戏活动后，就要开展为期两周的幼儿园实习了。在这两周中，我们将会以三人为一个小组的形式进班学习并组织半日活动。同学们在前两天的实习中，要注意观察一日活动具体开展的情况，以及教师如何有序地安排与组织一日活动，并做好详细的记录；随后两天中，每人设计和组织一个集体教学活动；接下来六天中，每人各组织两个上午、两个下午的半日活动。同学们要提前认真地做好半日活动计划，并在幼儿园教师的指导下修改教案并模拟试讲，从而保证半日活动有序、高质量地开展。

第一节　一日活动的观察与实习

在开始正式综合实习之前，我们先来了解一下未来两周的实习安排。

两周实习安排表

第一周					第二周				
观察一日活动	观察一日活动	组织集体教学活动	组织集体教学活动	组织半日活动	组织半日活动	组织半日活动	组织半日活动	组织半日活动	组织半日活动

这两周的实习目的主要有：第一，熟悉幼儿园的一日活动，配合实习班级教师完成保教工作；第二，能尝试设计和实施适合本班幼儿特点的教学活动；第三，能在教师的指导下设计和实施幼儿的一日活动，并撰写反思报告；第四，能耐心地对待幼儿，观察幼儿的行为，尝试对幼儿实施个别教育。

温馨提示

我们已经开始真正面对幼儿，组织幼儿开展幼儿园活动了，所以要知道几点要求：第一，眼里有幼儿，心中有目标；第二，提前设计好一周活动计划与集体教学活动的教案，并让指导教师审核，课前不断模拟试讲，保证活动的质量；第三，三位同学要分工合作，有效完成一日活动的组织；第四，做好记录，留下宝贵的资料。

幼儿园实习生一日见习（实习）记录表

班级＿＿＿＿＿＿＿　上课教师＿＿＿＿＿＿＿＿

时间（环节）	对幼儿的要求	教师的策略

幼儿园实习生教学见习活动记录表（一）

班级_____ 指导教师_____

时间	年　月　日　星期	地点	
活动内容			
活动过程			
见习感悟			

幼儿园实习生教学见习活动记录表（二）

班级_____ 指导教师_____

时间	年　月　日　星期	地点	
活动内容			
活动过程			
见习感悟			

幼儿园实习生教学见习活动记录表（三）

班级_____　指导教师_____

时间	年　月　日　星期	地点	
活动内容			
活动过程			
见习感悟			

幼儿园实习生教学实践活动记录表（一）

班级_____ 指导教师_____

时间	年 月 日 星期		地点	
活动 内容				
活动 过程				
活动 自我 评价				

幼儿园实习生教学实践活动记录表（二）

班级_____ 指导教师_____

时间	年 月 日 星期	地点	
活动内容			
活动过程			
活动自我评价			

幼儿园实习生教学实践活动记录表（三）

班级_____ 指导教师_____

时间	年　月　日　星期	地点	
活动内容			
活动过程			
活动自我评价			

第二节 各领域教育活动实习

幼儿园健康领域教育实习活动记录表

班级_____ 指导教师_____

时间	年 月 日 星期	地点	
活动内容			
活动过程			
活动自我评价			

幼儿园语言领域教育实习活动记录表

班级＿＿＿＿＿＿＿ 指导教师＿＿＿＿＿＿＿＿

时间	年　月　日　星期	地点	
活动内容			
活动过程			
活动自我评价			

幼儿园社会领域教育实习活动记录表

班级_____ 指导教师_____

时间	年 月 日 星期	地点	
活动内容			
活动过程			
活动自我评价			

幼儿园科学领域教育实习活动记录表

班级＿＿＿＿＿＿ 指导教师＿＿＿＿＿＿＿

时间	年　月　日　星期	地点	
活动内容			
活动过程			
活动自我评价			

幼儿园艺术领域教育实习活动记录表（音乐）

班级_____ 指导教师_____

时间	年　月　日　星期	地点	
活动 内容			
活动 过程			
活动 自我 评价			

幼儿园艺术领域教育实习活动记录表（美术）

班级＿＿＿＿＿＿ 指导教师＿＿＿＿＿＿＿＿

时间	年 月 日 星期	地点	
活动内容			
活动过程			
活动自我评价			

第三节 游戏活动实习

幼儿园自主游戏实习活动记录表

班级_____ 指导教师_____

时间	年 月 日 星期	地点	
活动内容			
活动过程			
活动自我评价			

幼儿园创造性游戏实习活动记录表

班级_____ 指导教师_____

时间	年　月　日　星期	地点	
活动内容			
活动过程			
活动自我评价			

幼儿园规则游戏实习活动记录表

班级_____　指导教师_____

时间	年　月　日　星期	地点	
活动内容			
活动过程			
活动自我评价			

幼儿园区域游戏实习活动记录表

班级_____ 指导教师_____

时间	年 月 日 星期	地点	
活动内容			
活动过程			
活动自我评价			

幼儿园实习指导教师综合评价表

实习生 姓名		指导时间	
实习生综合评价			
建议			

指导教师：　　　年　　月　　日

🐴 实践资料

　　根据《幼儿园教育指导纲要（试行）》的精神，幼儿教师在组织幼儿的一日活动时要注意：

　　（1）时间安排应有相对的稳定性与灵活性，既有利于形成秩序感，又能满足活动的需要；

　　（2）尽量减少不必要的集体行动和过渡环节，减少和消除消极等待现象；

　　（3）教师直接指导的集体活动要能满足绝大多数幼儿的需要，以减少和消除"隐性"浪费时间的现象；

　　（4）建立良好的常规，培养幼儿自觉的纪律性，减少不必要的管理行为。

参考文献

1. 董旭花. 幼儿园游戏. 北京：科学出版社，2009.

2. 宋文霞，王翠霞. 幼儿园一日生活环节的组织策略. 北京：中国轻工业出版社，2012.

3. 教育部基础教育司.《幼儿园教育指导纲要（试行）》解读. 南京：江苏教育出版社，2002.

4. 王东红，王洁. 学前儿童卫生保健. 北京：高等教育出版社，2016.

5. 董旭花. 学前教育专业实训教育指导. 北京：科学出版社，2009.

6. 步社民. 幼儿园教师成长论. 北京：新时代出版社，2005.

后　记

　　本书是为学前教育专业学生编写的见习实习指导用书。

　　本书内容分为四部分：第一章是幼儿园保育工作见习实习，第二章是幼儿园教育活动见习，第三章是幼儿游戏活动见习，第四章是综合实习。每一部分的内容都能让学生清晰地了解他们在幼儿园见习实习过程中所需要掌握的要点和步骤。

　　本书在内容设计上努力实现以下特点：

　　第一，内容系统规范、有序推进，注重学生实际操作能力的培养。

　　第二，每个见习实习模块都配有数字资源，使学生扫描随文二维码即可收看幼儿园一日活动部分环节的视频，方便学生在见习实习之前对实践内容有感性认识，也可帮助学生巩固实践效果、增进认识和理解。

　　第三，本书参编人员兼有专业教师和一线教师。编写者既有在学前教育专业任教几十年的老教师，又有年富力强的青年教师；既听取了诸多一线教师对学生见习实习情况的反馈意见，又了解了学生对实践手册的使用需求。每一位编写者和案例提供者都为本书的完成倾注了大量心血。

　　本书的视频拍摄得到了杭州市人民政府机关幼儿园和杭州市五星幼儿园的大力支持，在此感谢冯伟群园长、许纯园长的组织和协助，感谢幼儿园教师和小朋友们分享给大家的资源。

　　由于编者水平有限，书中难免存在疏漏，恳请同行和读者提出宝贵意见，以便我们未来进一步修订完善。

编　者